Beautiful

TREE HOUSES

COLORING BOOK

ISBN: 9798375365091
Imprint: Independently published

Beautiful Tree Houses - Coloring Book

ISBN: 9798375365091
Imprint: Independently published

Markus Mangold
Hindenburgstr. 58/1
73333 Gingen a.d. Fils
- Germany -

info@visufactum.com

Made in the USA
Columbia, SC
20 December 2023

29236988R00057